Manfred Züfle

Apokalypse und später

Zwischenräume

P V E R
V A L A
E R N G
L A G O

Zwischen

Manfred Züfle

**Apokalypse und später**

räume

Gedruckt mit freundlicher Unterstützung des Kantons Zug und der
Römisch-katholischen Synode des Kantons Zürich.

Umschlaggestaltung: www.gapa.ch gataric, ackermann und partner, zürich
Satz und Layout: Mario Moths, Marl
Druck: ROSCH-BUCH GmbH, Scheßlitz

Die Deutsche Bibliothek – Bibliografische Einheitsaufnahme
Die Deutsche Bibliothek verzeichnet diese Publikation in der Deutschen
Nationalbibliografie; detaillierte bibliografische Daten sind im
Internet über http://dnb.ddb.de abrufbar.

ISBN-10: 3-907576-90-X
ISBN-13: 978-3-907576-90-8

# Inhalt

Es ist immer später

*Es ist immer später, als man meinte. Es ist die Erfahrung, die ich so erst in den letzten zehn bis fünfzehn Jahren machte.*

*Kein Land nirgends für Utopia? Hoffnung immer unsichtbarer? Längst schon Apokalypse, bloss merkten wir es nicht? Glaube, Hoffnung, Liebe, «diese drei», obsolet geworden?*

*Es gibt welche, die glauben, wie verrückt, seit zweihundert Jahren an ziemlich dasselbe, an die «unsichtbare Hand». Diesmal aber bitte tüchtig, end-gültig! Pereat mundus, mögen wir verrecken, Hauptsache, wir machen alles, was wir machen können müssen. Es gab zwar immer schon ein paar gefährliche Subjekte, die solchen wiedergeborenen Glauben kritisierten; die Geschichte hat sie scheints desavouiert.*

—

*Ich habe ausgerechnet am 11. September 2001 erfahren, dass ich einen Krebs habe. Absurdes Zusammentreffen an einem beliebigen Datum, «nine eleven» an sich ist in jeder Hinsicht sinnlos.*

*Und doch halte ich in vielen der folgenden Texte «Ort und Datum» fest. Ein Text, der mir einfiel, schaffte eine Lücke, Zeitraum. Man kann das «Gedicht» nennen, ich sage «Zwischenraum». Das Buch, das ich aus diesen Zwischenräumen komponierte, bildet keine autobiographische Geschichte ab, erzählt nicht.*

*«Zwischenraum» hält Zeit an, bringt vielleicht etwas zum Tanzen, in einem Nu Sprache und Sprachlosigkeit: «nunc stans – nunc saltans».*

—

*Die Gründe für Zwischenräume waren unterschiedlich: Sie ermöglichten sich einerseits «lyrisch» spontan oder ergaben sich aus Anforderungen Anderer für «Ein- und Zugriffe». Ziemlich spät erst hatte ich gelernt, dass alles sprachlich Verfasste, das Öffentlichkeit will, politisch ist. Nicht weil das Private politisch ist, wie es einmal hoffnungsvoll hiess, sondern weil es mich nur gibt, ich nur sprechen kann, weil mich eine Andere, ein Anderer, Anderes konfrontiert.*

—

*Und die Formen? Sie sollten, wollten wohl in die je sich bietenden Zwischenräume passen.*

*Im Zentrum des Buches stehen «Drei Elegien für meinen Freund Stefan Howald». Elegien sind nicht «elegisch», wie man meinen könnte. Sie sind geschichtlich, das heisst strikte im «Diesseits». Nirgend anderswo öffnen sich allenfalls die Horizonte, die unsereiner braucht, Zwischenräume.*

Zürich | *4. Februar 2006*

Für Lilian

*Hätte ich dir einen Brief geschrieben,*
*hättest du gelesen,*
*dass mir der Sommer eingeschlafen schien*
*unberührt und schwer und schön für niemand,*
*in alle Gassen, in alle Gärten, in alle Schatten,*
*in jede Ritze versunken und auch noch in die Nächte –*
*die sture Bläue über allem,*
*in der er einschlief,*
*ein Himmel stehen gelassen*
*wie eine Glocke.*

*Hätte ich dir einen Brief geschrieben,*
*hättest du gelesen,*
*dass, als wir in den tiefen Wäldern waren,*
*wir wie im Märchen,*
*oder entlang den Fjorden nordwärts,*
*wir wie in alten Sagen,*
*oder in den Städten,*
*wir wie in den tausend Geschichten*
*durch die Sommer und die Herbste gehen,*
*schön für uns.*

*Hätte ich dir einen Brief geschrieben,*
*hättest du gelesen:*
*Nenn mich nicht «weisser Schwan».*
*Ich bin schwarz,*
*das Gefieder leicht gekräuselt;*
*ich habe, Liebe, einen gelben Schnabel.*
*Wenn du «weisser Schwan» sagst,*
*werde ich ein grauer Spatz.*

*Hätte ich dir einen Brief geschrieben,*
*hätte ich keine Verse für dich.*

La Cadière d'Azur und Zürich

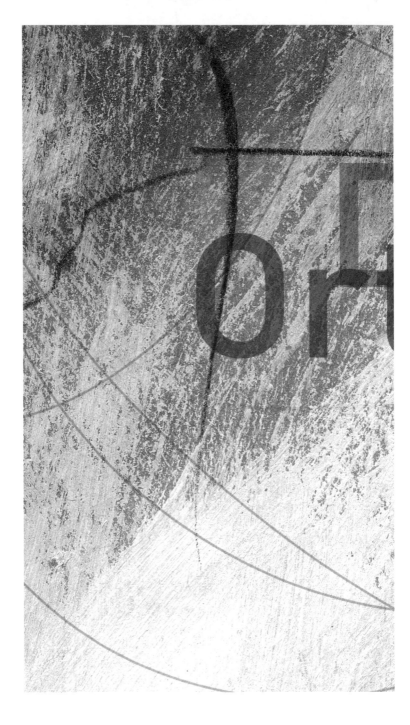

Orte und Daten

Wenn Du da bist!
Vogel huscht entlang
an den Büschen
des Kanals
was nichts und alles heisst
das man erzählen sollte ...

weil Du da bist.

Wenn Du da bist,
nicht Spinnen
und nicht das Bild eines Gekreuzigten,
aber schon dass Tote dort da seien:
entlang dem Märchen
in einem Sonnenwald
ein Steinhügel
oder Rosen über Rosen
über Fuchsien, Geranien
wie in Gärten –
In Wien über Transzendenz
sagtest Du,
dass die wohl mit barockem «Dichtungsschaum»
nicht zu haben sei.

Wenn Du da bist ...

Ein Kanal,
stumm,
aber Schilf
und noch ein paar altertümliche Blumen
und Reiher-Tier
und Hunde-Tier

Korallen haben wir zwar nie gesehen
und dass sie die
als Paradiese gepriesenen Inseln bauen.
Paradiese sind fern von den Märchen,
die alles heissen.

Wir haben noch nie gesehen,
wann die letzte Schwalbe nicht mehr flog,

aber genau dazwischen
ist Licht unsagbar geworden –

die Wörter erzählen nur nach:

... ist es schön in der Welt.

*22. August 1989*

Verweile Augenblick
du bist so schön –
würde ich so oder ähnlich
nicht sagen;
Glück ist Akkumulation
von Erinnerung.
–

*Dann* pflücke den Tag
oder
die Aprikose
die Himbeere
die Artischocke
die Melone
pflücke ein Bier
*dann* pflücke den Mond
dann pflück ich den Mond
wenn es sonst nichts zu pflücken gäbe.
–

Che-Chechito
hangelt mit gespreizten Krallen nach nichts
– oder nach Mond!

Währendessen
verschieben die Jahre
die Daten
über die Tage der Woche
stur und ordentlich
–

Verloren nicht
ein Vogel
der zwischen Buchen
sich fallen lässt in Schatten
verloren nicht fragil in der Hitze
plötzlich der Falter
verloren nicht
die einmal ausgesparten Sätze über solche Zeiten
verloren nicht die Augenblicke
auch die vergessnen nicht.
Ein unvorstellbares Gewimmel

sei das,
sagst du,
die Ewigkeit.

*22. August 1990*

Zeichenlos grün
kein Wald vor lauter Bäumen
wo ich hinschaue
wüsste ich nirgends den Namen

Die anderen Namen nicht sagen
das andere Land nicht wagen
die anderen Ufer nicht ahnen
oder doch?

Mit dir
in den Urwald
mit dir
sich dem Berg –
vielleicht ist er heilig –
nahen
fluchend vor Ehrfurcht
wie ein Brüllaff

Denken ist nützlich
und nützt nichts
Dichten nicht nützlich
jedoch nötig –
lauter Sinn auf Stäben:
nützlich nichts nötig –
sind Künstler
unzuverlässig
weil sie
anderes
umtreibt?

Ein altes Cello, nicht kostbar, aber in Würde verstimmt!
Was weiss ich von Cellos ...

Die anderen Namen nicht sagen
die anderen Länder nicht wagen
die anderen Ufer nicht nennen
wollen?

Vielleicht:
grün voller Zeichen
und ein Urwald
– aber den Tapir sahen wir nie
nur seine Hufspur
– und wenn's brüllt, ist's nicht der Jaguar
sondern der Aff –
– und wenn's donnert
ist es vielleicht doch der Vulkan –

Immerhin!

Mit dir
im Urwald
mit dir
sich dem Berg –
vielleicht ist er heilig
vielleicht ist er blöd
oder bös –
nahen

La Cadière d'Azur | *29. April 1997*

Unter anderthalb
Wendekreisen
kommen
vielleicht
die Ödipen
und all die Typen
Antigone selbst
und all die Inzeste
urfamiliar
ins Schleudern

Morgens um fünf,
«Südfrau»,
gerade neben dem Flugplatz,
machten die Vögel, subtropisch,
uns den Atem verschlagend,
Krach

Natürlich schlafen wir gern miteinander und
haben auch sonst miteinander zu tun ...

Lach nicht –
Die singen noch
wenn auch wir schon ...

über die Tode hinweg
bleibt (vielleicht)
der subtropische Krach.

Wenn es nicht zu spät ist!
Immer schon
immer schon wieder
und immer nie


Einmal
nahe bei den Hexereien unter dünnem
Schwefelboden
und gingst mir zu weit
hinein ist Bodenlose
wie mich Panik überfiel
als ich dich nicht mehr sah
zwischen den Schächten
zum toten Krater hinunter

Einmal
gerade neben den Hexereien
die dich unendlich belustigten
sahen wir das Gürteltier
liess sich nicht stören
seine Nase im
Blattgemoder

Dann aber sahen wir
die grosse Schlange
die am Rande der Piste verendete
Wir meinten einer der Geiervögel
aber der der sich auskannte
sagte ein wenig traurig
wahrscheinlich einer dieser Geländewagen
wie wir sie selber fuhren

Viel kühner du
wie immer Frauen
und ohne das tödliche Starren
auf Zukunft

*23. Juli 1998*

Die Zikaden singen wieder
nichts kann sie dran hindern
wenn unsereiner die Hitze geniesst
– und nicht aushält

Um die Ecke kommend
mich um sie bringend
sozusagen
leuchten in einem
vom Tramontane silbrig geschüttelten Baum
schön Pfirsiche
auf und ein

Einmal
schrieb ich
«eine Gegend
in der Nähe des Todes»
Es ist immer «Gegend»
immer nahe

Wahrscheinlich wird auch wieder Frühling,
womöglich
ein wenig weniger

Einmal
schrieb ich
«Wahrscheinlich
sind Künstler
unzuverlässig
weil sie
noch anderes
umtreibt»

Jetzt aber schreib ich:
«The saints go marching *out*»

La Cadière d'Azur | *28. Juli 1998*

I.

Wenn Tauben
durch den Himmel rudern,
lachst du.

Vielleicht sind sie
mitten im Gezwitschersturm der Schwalben
plump,
vielleicht sind sie nur müde
ob all der Pärke
Ölzweige
Dreifaltigkeiten,
sind endlich Tauben,
balzen sich noch,
wenn alles vorbei,
die Sonne hinunter,
im warm gebliebenen Zwielicht
verwinkelter Ziegel –

Und du sagtest:
Wenn eine plötzlich
vor dir im offenen Fenster steht
und äugt,
erschrickt man ein bisschen
über den spitzen Schnabel.

Ich behaupte,
manchmal gleiten sie in runden Bögen
wie richtige Segler durch die Gasse hinab;
ich hab das *gesehen!*
Aber es stimmt natürlich,
sie rudern durch den Himmel –,
aber immerhin!

II.

Er lehnte im Fenster,
er schrie die Sonne an:

«putain, du machst mich kaputt,
hör auf!»
Dich macht dieselbe Sonne schön;
ich hab das *gesehen!*

III.

Ich sitze in der Zweijahrhundert-Höhle,
und die Hitze sickert einen Sommer lang
hinunter bis dort,
wo dein Haus an den Fels stösst;
dort hock ich an der Wand,
suche Geschichten
und höre aus dem Gezwatscher auf- und niedersteigender
         Touristen,
dass ocker und dunkelgrün sehr schön,
auch der Oleander
und das Blau der Läden gegenüber göttlich, –
dass unsere Gasse unversehens eine Sehenswürdigkeit ist ...

IV.

... ist aber ganz anders,
ist dort, wo der beschimpfte Freund
trotzdem zweimal am Tag vorbeischaut,
ob der Schimpfer noch da ist –
putain – et bien –

ist *dort,* wo alle Gespenster auftreten
sich anschauen lassen müssen,
ist *dort,* wo sie deshalb nicht bleiben können
ist *dort,* wo ein Himmel, in dem die Tauben rudern,
immer wieder
blauer,
ein wenig grösser,
splitterig
und immer auch mild, ein Abend,
auf dein Haus in unsere Gasse
fällt.

*22. August 1992*

Flügelschatten
über das heisse Ziegeldach
hinunter.
Schaut man auf,
sieht man ihn
über ein nächstes Dach
verschwinden.

Man kann
– um diese Zeit –
wissen,
es war eine Taube.

Man kann immer noch
vieles wissen,
obwohl rundherum
alles schon anders wird.

Die Zikaden
werden zum Beispiel
weiter lärmen,
solange Sommer sind,
*denkbar* sind.

La Cadière d'Azur | *18. Juli 1994*

Es wird wohl
ein Wind sein,
wenn ein frühverwelktes
Blatt der wilden Rebe
die Gasse hinauf raschelt

Später klopft leise
ein Laden gegen die Mauer;
es wirbelt ein wenig,
aber es wird nichts sein –
Es ist nur Sommer.

Seele,
Bauchschuss
haarscharf unter das Brustbein;
– das Herz blieb verschont
der Kopf auch

... am Abend
werden die Schwalben,
die es längst nicht mehr gab,
plötzlich aus dem
noch hellen Himmel
in die Gasse stürzen
und, wenn wir uns noch
über ihre eleganten Schreie wundern,
in den Nestern
sekundenkurz
schwatzen

La Cadière d'Azur | *23. Juli 1992*

I. Verwilderung

Die Sonne verwildere scheints
was der egal ist
sie knallt zwischen die Zyklone
hinein
es sommert
endlos
während die Zeiten
wie Wolkenbrüche
(zusammen-)stürzen

eine Zikade
gibt den Schrei weiter
der ist schon aufgenommen
zeitlos um einen
vergessenen Golf
in die Stille
in der es nur so wimmelt

verwildert
ins Gelbe, Ockre, Staubige, Gleiche

Der Kopf verwildert
und hält es
endlich
aus
zu warten
aller Wünsche gewiss
– nichts muss kommen

II.

Die Wörtchen
die verdammten
verwildern nicht
ich lasse sie stehen
alle
das eine
es verkommt nicht

La Cadière d'Azur | *im August 1993*

I.

Wieder Sonne
auf die heissen Dächer
vertreibt den allerletzten Schatten
in die Winkel des Hauses.

Nie mehr Gespenster
alles am helllichten Tag.

Allerdings:
ein Park in einem alten Frankreich
gibt es auch irgendwo
und Verliebtheit im und in den Verfall
von Zeiten, die nie mir gehörten.

Und dann:
die «Trauerhand»
die ich immer wieder
zu spüren glaube
– und die Wörter daraus
grün wie in einem nicht mehr benutzten Gewässer.

Du weisst
ich weiss
wir wissen
dass es Ort hat
Deinen
meinen
und *unseren*.

Ich lerne gut:
Die Sonne *soll*
auf die heissen Dächer fallen.

Gespenster auch nicht
im Unterholz,
im warm gewordenen Schatten.

Das Unterholz sei in Eden gewesen
Die Sonne stürzte hinein

aber vertrieb niemand,
bloss fromme Gespenster.

II.

Und du alter lieber Baum
immer noch Äpfel
nach all den Jahren ...

Sommer immer jetzt
Herbst schon bald
niemals Winter
aber doch
damit Frühling
und dann:
Sommer immer jetzt.

Die Nachtbuben
blühen am schönsten im Dunkel
wo ihr Gelb nur noch
vermutet werden kann
in dem Aufklang von Helle
mitten in jeder Nacht.

La Cadière d'Azur und Zürich | *im August 2001*

En revenant de La Cadière d'Azur

Landschaft nach Süden

In den Fels genagelt
unter böser Ruine,
unschädlich lärmlos jetzt
aber immer noch,
ducken Dörfer sich
an Hänge
über die hinunter
es blüht aus dem Trockenen,
jedoch weit hinein
aus dem Süden, Westen
mittäglich hell bis spät
scheint Sonnenland
mit Früchten jetzt
Äpfeln und Trauben
bis weit hinein
bis weit hinauf in
Geschichtetes
Felsiges
Bröckelndes
Verfallendes.

Rund plötzlich ein einzelnes Berglein
übersäht wie mit Stoppeln
von verstreuten Strünken und Büschen;
der Fluss windet sich mit Geröll
um es herum.

Es ist gut
da hindurch zurückzukehren:
überall
zitternd im Licht der Blätter
steht ein heller warmer Wind
macht still
uralten und urneuen Lärm.

Zürich | *21. August 2000*

Ich schreibe
und ich schreibe
nicht das Gewitter weg,
aber die Angst vor ihm;
das Gewitter bleibt
archaisch gnadenlos
und gnadenlos in unseren Seelen
    – und aber schön
      durchzuckt es die Himmel.

Ich schreibe
und ich schreibe
nicht die Hitze weg,
aber dass sie töten könnte;
Die Hitze bleibt
stur gnadenlos
in unseren Seelen
    – und aber schön
      ist unerbittlich das Licht.

Ich schreibe
und ich schreibe
nicht die Zeit weg,
aber ihr Verschwinden;
die Zeit, die bleibt
und die Trauer in ihr
wie trüber Winter in der Seele
    – und aber schön
      ist alles erinnerte Leben.

Zürich | *22. August 2003*

blau blau
und Mimosa
die scheue
wie man sagt
zerspringt in ihre Lichter

im blauen Wind
stehen weiss zwei Wolken
und bewegen sich nicht
und doch tobte der Wind

heute nun
steht aller Sturm still
wie Nebelschwaden
entlang dem Tal Rauch
zum Meer hin still und blau

Rührend
im Schatten
fast übersehen
gepünktelt erstes blaues Blühen
noch kein Rot kein Gelb
und Vögel blau huschend durch das Wäldchen
sich hören lassend überall
ein wenig
noch sind die Jäger nicht da

Der Winkel ist für ein Nu die Welt

Wer traut sich noch weiter vom Blauen zu sagen
wenn die grossen Wörter
drohen tatsächlich zu werden

I.

Zufälliger Blick zum Himmel,
hinter ziehenden Spätsommerwolken
blau.
Ich staune,
wie wenig gestaunt wird,
dass es da oben täglich blau ist,
alle Blaus überhaupt
tief im Zenit, bleich an den Horizonten.
«Bestirnter Himmel»
lässt mich kaum mehr abdriften
in die Zwischenräume;
die sind – von hienieden – nächtlich schwarz.

II.

In einer dichten Buchenhecke
miaut eine Katze,
ich glaube, ich kenne sie;
sie zeigt sich nicht,
sagt nur, dass, im Fall, sie da ist.
Ich hasse Denker,
die sagen,
Tiere hätten Sprache nicht.

III.

Fenster offen in den Sommerabend,
und jeden Abend dasselbe,
der Falter immer ein anderer,
der den Wasserstrahl ins Spülbecken aufgeregt
umflattert;
ich rette ihn, wenn er tropfnass im Becken liegt;
meistens gelingt es, er fliegt weg
durchs Fenster in die beginnende Nacht.
«Sie leben so kurz», sage ich immer.

*22. August 2004*

Äpfelchen, rote,
wie Kirschen;
ich erzählte es nicht
und nicht das Schaf
mitten in der Stadt
an einem Berglein.
Gras mit der Sense gemäht.
Äpfelchen, rote,
glühend im Laub.

Ich erzählte es nicht,
aber für Dich ganz und gar –
wie die Zeit der Kirschen,
die sein wird.
Revolutionen sind zwar
vertagter
– weil unabdinglich.

Blau und grün
steht Wasser zwischen Felsen.
Ein Ort ist nicht überall:
grosses Hirn,
dickes Hirn
ist ein Felsberg
den *wir* bestiegen.
Und ein anderes Berglein
ist namenlos in einer ganzen Landschaft,
mit Geschichte,
die *Du* erfindest.

Einmal schrieb ich:
«Und plötzlich wächst ein Malve
mir über den Kopf.»
*Du* hast sie gepflanzt.

Äpfelchen, glühend im Laub
wie die Zeit der Kirschen,
die sein wird.

La Cadière d'Azur | *15. Oktober 1990*

Das Schöne ist *nicht*
des Schrecklichen Anfang.

Was hab ich zu sagen
zu Waldbränden?
– Nichts.
Zu denen, die sie gelegt haben?
– Nichts.
Dazu, dass
Europa in Sarajevo –
schon wieder –
zerfällt?
– Nichts.

Ich habe nichts zu sagen,
ich habe festzustellen:
das Schöne ist
*nicht* des Schrecklichen Anfang.

Unerträglich sind
die schnellen Sätze
       über Leichen hinweg,
       verkohlte,
       über Leiber ...
Eilige Schritte
durch verstaubte Sommer.
Langsam!
*Nichts* ist des Schrecklichen Anfang.
(Ein Arschloch, das joggt,
ist allenfalls
eines Schreckens Anfang,
der nicht endet ...
«It's over»,
haben sie geschrien
und in die Luft geschossen –
er joggte weiter ...
die grossen Jogger joggen,
die Tenöre singen,
vorn an der Rampe

– jeder für sich –
der Vorhang fällt,
hinter ihnen bricht
auf der Bühne ein Brand aus,
jedesmal,
der Rauch wird jedesmal dichter
unten im Theater,
bis wir es
weghusten ...)

Was hätte ich zu sagen?
– Nichts.

Wut
gegen die Schrecken:
«Die, die uns bedrohen, bedrohen!»
Ohnmächtig.
Eilige Schritte durch
staubigen Sommer ...
Langsam ...
Was wäre zu flüstern?
Sokratisch:
Wein verlangen im Becher –
nichts anderes!
ob du ihn kriegst,
ist nicht die Frage –
*Verlangen!*

Zwar,
wenn der Himmel
nicht mehr stimmt,
nicht mehr wahrnehmbar –
Wenn sich nur noch
Weltall
dazwischen schiebt –
zwar,
wenn mancher verrückt
und von den Falschen
falsch heilig geprochen –
zwar,
wenn Hölle

Osmose zu sein scheint
in *unser* Weltall –
zwar,
wenn, gross und auch artig,
der Zeitgeist weht,
wo er kann –
dann zwar ...

Durch verstaubten Sommer eilig

–

Das Schöne ist
*nicht* des Schrecklichen Anfang.

Was hiesse:
einen Sonnenuntergang ‹verstehen›? –
*Weil* ich nichts
zu sagen haben möchte
zu dem,
was wieder hochkommt ...

Was habe ich zu sagen?
– Nichts.

Zu flüstern ...

La Cadière d'Azur | 12. August 1991

Das war ein Sommer,
hei!
– wie er im Buch
der Statistik,
der Posthistoire
steht.

Bei so viel Rekord
sei erinnert,
dass das Laub
nicht sich verfärbte,
gelb, rot – und dann braun,
nicht aufblühte im
Eklat des Sterbens,
unvermittelt
abstarb,
auch braun,
aber ohne den Todeskampf.

Und Kennebunkport?
Darüber steht auch heuer
in USA TODAY,
wann die herbstliche Verfärbung
ihren grössten Ausbruch erreicht!

Dann ist alles gut –
die Welt dort in Ordnung.

Zürich | *9. und 29. September 1991*

Wartet's ab:
der Sommer wird
auftauchen
aus den Juni-Güssen!

Wartet's ab:
– so sicher ist das freilich nicht –
die Welt wird
untergehen!

Die kühlen Güsse
riechen schon sommerlich,
die Weltuntergänge
auch.

Zürich | 13. Juni 1995

Für Jochen Kelter

Die Idylle platzt
gottlos
(längst schon)
es schiesst ins Kraut
in Gärten
bis ans Gleis
der einspurigen Nebenlinie
Hibiskussträucher, Dahlien, Astern,
letzte Malven,
Rosen natürlich,
nachsömmerlich
ganz nahe See
mit einer heiligen Insel

Ob Himmel spätblau
oder mit Dauerregen
einfällt
ist der gottlosen Freundlichkeit
aller hier
egal

Es scheint:
die Idyllen platzen gerade
aber niemanden
kümmert das

(Ermatingen-)Zürich | *Ende August 1993*

Affengeil ist das:
die Katastrophe,
einschlagend,
eine Explosion
«so gross wie unsere Erde».

Oh Jupiter, du,
aufgeblähte Kugel
aus Gas,
wie ich höre.
Jetzt gilt wieder:
Quod licet jovi
non licet bovi.
Auf deutsch:
du darfst schon,
was uns allenfalls bevorsteht,
uns Ochsen,
– und bleibst unberührt
und blödsinnig
am Firmament.
Wir haben die Götter
an den Himmel projiziert:
«deorum more», meinte Kepler,
zögen dort mathematisch die Bahnen;
– sind dort aber blödsinnig.

Vielleicht jedoch sind sie
a n d e r s w o
und göttlich nicht.
Vielleicht würden sie
mit uns essen,
saufen,
rauchen,
ja auch, Friedenspfeifen, dächte ich,
Liebe machen –
wenn wir nur wollten.

La Cadière d'Azur ǀ *18. Juli 1994*

Die Täublein, die süssen,
seien «Kühe des Himmels»
die dir Fladen scheissen
wie wirkliche Kühe!

Waren aber immer schon
hart arbeitende Flieger,
hatten sich vom ganzen Berg Ararat
hinabzustürzen
in den versumpften Dreck unten,
darüber hinweg zu rudern,
bis sie endlich einen halbwegs
ansehnlichen Ölzweig fanden, einen,
den man präsentieren konnte
unter dem dann vorgesehenen Regenbogen,
und hatten mit dem nass-schweren Zweig wieder
hinaufzufliegen
über all die idiotischen Felsschründe,
wie ich mir vorstelle,
des Ararat.
Wer hätte da nicht,
bei all der Plakerei,
einen Fladen geschissen!

Und was Kühe überhaupt betrifft,
irdische wie himmlische,
nicht zu erwähnen das Mondkalb,
meine ich versöhnlich und alternd,
sie hätten ihre eigne Ästhetik:
kuhäugig sei die Hera gewesen,
sie war die leideste nicht von den dreien.
Athene hat mir zu schmale Lippen
und dieses Zucken an der oberen!
und Aphrodite bleibt alles in allem
zu ewig-girlig.

Ich mag sie die Tauben,
die Himmelskühe,
obwohl sie dir Fladen scheissen.

La Cadière d'Azur | *19. Oktober 1995*

*Dass* der Mond

auch am Tag
weiss am Himmel stehen kann,
auch der volle,
wissen wir.
*Dass* die Mimosa
lang vor dem Ginster
gelb aber anders blüht,
*dass* die Mandelblust
zu den frühsten,
unmittelbar vor den Kirschen,
gehört,
ist bekannt;
*dass* ein Dichter
darüber staunt,
ist gratis,
wenn auch nicht sinnlos
*Dass* ein spät-
oder auch neugotisch
perforierter Kirchturm
etwas dümmlich
sich gegen grossen Abend,
umstrahlt gleichsam,
stemmt,
*oder dass* ganz oben
vor der Nacht und in sie hinein
die drei Pinien durchgeschüttelt
und nachtlang in die Träume
der Alten rauschen werden,
mag sich vorstellen,
wer muss.
*Dass* es windet
und es,
sogar schön,
Abend ist,
stellt manche und mancher fest.
*Dass* man das alles sagen sollte,
ist, während
unten über die Autobahn
in beiden Richtungen

am Ende eines Sonntags
heimgefahren wird,
wohl zweifelhaft.

*Aber dass* der Mond schon am Tag
weiss am Himmel ...

La Cadière d'Azur | 16. Februar 1992

Die Fischhändlerin sagt:
«Le village se meurt»;
das stört
– vorläufig –
die Zikaden nicht,
die Tauben nicht,
die Schwalben nicht,
den unerbittlichen Himmel nicht.
–

Die späten Abende,
nicht zu vergessen
bei den Verzweiflungen am Morgen,
sind herrlich.
Der Abend ist das
Delta,
wo nicht
etwas anderes
ankommt,
als das Delta selbst.
–

Manchmal trägt gar nichts
weder die Wörter ...
... noch Schweigen

Im Grossen und Ganzen
ganz

Linien in einem Stein
aus einem Stein heraus

kämen vielleicht auf mich zu ...

Manchmal tragen die Wörter sich
und das Schweigen
über (die) Jahre
–

Die Toten,
wir nennen sie so,
die Lieben.

Etwas kleiner der Schwindel-Schreck,

dass die Erde in der Zeit dreht.
Wind im Baum
Adern über einem Handrücken
warm

Wir nennen sie so,
die Lieben,
schön
aus der Trauer.

La Cadière d'Azur und Zürich | *im Juli 1994*

Die steile Gasse,
beidseits überwachsen
von wilden Reben
noch voll im Grün.
summte,
als ich in sie einbog,
summte immer lauter,
betörend laut,
als ich zwischen dem dichten Grün
hinunterging.

Die Gasse war voller Bienen,
tausenden;
kaum je sah ich eine.

Ich näherte mich dem Grün
und sah es drinnen blühen.

Mitten im schon beginnenden Herbst
machten die Bienen
drinnen Frühling
– und holten sich den Nektar.

Die Blätter sind denn auch
Jahr für Jahr,
wenn sie feurig werden,
die letzten,
die dem schon nahen Winter
entgegenleuchten.

22. August 2005

Wenn die Kälte kommt
spät im Oktober
ist alles klar
wieder
die Einsamkeit
der Zeit
ihr gelbes Rot
ihr gelbes lichtes Grau
ihr gelbes Blau
verronnen unter Bäumen
gelbes Licht das dunkelt
der Atem
einer Pflanze stockt
die Wörter stocken
können nicht mehr nennen
was da bleibt
wieder

Ist es aber,
dass der Wind wie eh
die ersten knöchernen
Platanenblätter
über aufgesprungenen Asphalt
verblättern lässt,
ist es,
dass noch warme Nacht
überall sich ablagert –
in Poren in Augen,
ist es,
dass Erinnerung überhaupt
bedeutsame sinnlose,
ist es,
dass die grossen Oppositionen
katastrophal zerfallen
dass niemand mehr wissen kann
woran er ist,
ist es,
dass es nicht mehr so sicher ist
ob nicht gerade jetzt die Apokalypse
stattfand
und niemand sie wahrnahm –
*dann* wäre es
so weit,
dass Gott persönlich
zu spazieren anfinge,
flanierte, um sich umzuschauen,
was da zu Ende geht.

La Cadière d'Azur | 6. *Oktober 1989*

zwischen Euphrat
und Tigris
war
nach einer Meinung
jener Garten gewesen
irgendwo
unweit
von Babylon,
dort sass eine
an den Ufern des Euphrats,
die hatte man aus
dem Garten vertrieben
lange bevor dort
die Ersten
die Besten
probten, ob
sie sein könnten wie Gott.
Die Hure am Ufer
des Euphrats
hatte man
– wer? –
schon vor so langer Zeit
vertrieben,
dass sie
annehmen musste
*sie* sei nie
drin gewesen
in irgendeinem Garten,
*sie* hatte immer
geschuftet
Steine geschleppt
als man die Türme baute
vorgab sie trösten zu wollen,
man baue in den Himmel hinauf
plane zuoberst eine Kammer für sie,
nach der sich Götter gelüsteten –
und hat sie Hure genannt,
obwohl sie nichts als
Steine schleppte

wenn einer der Türme
immer wieder mal einstürzte
und man sie anwies
aus dem Schutt
neue Steine
noch brauchbare zum Bau
zu klauben
für den nächsten –
Zwischen Euphrat und Tigris
erzählten sich
ein paar Frauen hin und wieder
in den Pausen, den spärlichen,
der Plackerei
ein paar Märchen,
zwischen Euphrat und Tigris
Frauen wie *sie,*
Märchen
die farbiger blühten
als der Garten
und wurden Huren genannt drum
die Trümmerfrauen
die einzigen die
knapp
das Leben am Leben erhielten,
während die Ersten, die Einzigen
das sündhafte Problem hatten,
ob sie sein könnten wie Gott –
Aber Gott taglöhnerte längst schon mit
den Trümmerfrauen
zwischen den immer wieder einstürzenden Türmen
noch verächtlicher als sie
die schuftend das Leben knapp am Leben erhielten.
Hinter vorgehaltener Hand
nannte *sie* man
die Huren von Babylon –
ihn nannte man gar nicht

Zürich | 22. *Januar 1991*
(Das Gedicht erschien in verschiedenen Zeitschriften und wurde von
Schweizer Radio DRS als Kurzhörspiel gesendet)

Ein- und Zugriffe

*Ich hatte immer wieder Gelegenheit, mit anderen zusammen zu arbeiten, mit Musikern und Musikerinnen vor allem, aber auch mit «bildenden» Künstlerinnen und Künstlern, mit Filmern und einer Filmerin. Ich erlebe dabei immer das Glück, dass jemand Sprache von mir will, Text «braucht». In diesem Sinn hatte ich nie etwas gegen «Gebrauchsliteratur».*

*Die längste, fruchtbarste Zusammenarbeit hatte ich mit meinem leider verstorbenen Freund Mani Planzer. Er ist für mich einer der bedeutendsten Musiker überhaupt der letzten Jahre. Vor Jahren schon schufen wir zusammen für Radio DRS eine mehrfach ausgestrahlte Weihnachtskantate. Die grösste Geschichte die wir zusammen «machten», war das Oratorium «Der Herr der Lage», eine Antwort auf die eben zu Ende gehende Revolte der 80er Jahre. Die Uraufführung mit dem Chor «Kultur und Volk» und einer Jazz-Formation fand im Mai 1982 im Zürcher Volkshaus, wenige Tage nach dem plötzlichen Tod meiner Frau Astrid statt. Teile daraus erklangen auch während des Beerdigungs-Gottesdienstes auf dem Friedhof.*

*Hier folgen zwei spätere Texte aus unserer Zusammenarbeit. «mobilitäten» wurde in Luzern in der Boa-Halle aufgeführt mit Mani Planzers letzter Orchesterformation «Morschachblasorchester». In diesem multimedialen Ereignis wirkten viele mit, die Malerin Susanna Nüesch etwa, der Filmer Erich Langjahr; meine Textfolge gab eine Art Grundstruktur. «Esperar» bedeutet auf Spanisch «warten»; für Deutschsprachige aber klingt Hoffnung mit. «Esperar» wurde in der Hofkirche Luzern wieder mit dem «Morschachblasorchester» in Szene gesetzt. Der Organist der Hofkirche wirkte mit, und die Orgel der Kirche hat eine so genannte Regenmaschine. Mein Text, der hier abgedruckt ist, war einer von vielen. Sie wurden nicht vorgelesen, sie waren in einem Büchlein abgedruckt, das allen Zuhörerinnen und Zuhörern abgeben wurde, als eine Art zweite Partitur hinter der reinen Musikpartitur des Komponisten. Ich füge meinen Text hier ein, weil er in langen Gesprächen mit Mani Planzer entstanden ist und weil Mani und ich uns vielleicht nie künstlerisch näher waren, irgendwo zwischen seinem Spanien, meiner «douce France» und unserer «Innerschweiz».*

*Zwischen «mobilitäten» und «Esperar» habe ich einen «Song» für den kurdisch-schweizerischen Musiker und Sänger Musa Dursun gesetzt. Er hatte immer schon Texte von mir in seiner Art zu improvisieren in seinen Auftritten gesungen – und mir klar gemacht, wenn er mich wirklich singen können wolle, müsse er von mir einen metrisch gegliederten Text, in Strophen geformt, erhalten. Er kannte den wirklichen Berg Ararat, ich kannte eine Geschichte, die sich dort vielleicht zugetragen hatte – seit unvordenklicher Zeit.*

Für den Komponisten Mani Planzer und
sein Morschachblasorchester

Ein Blatt fällt, langsam, aber es fällt.
Eine Welt fällt, langsam, aber sie fällt.
Eine Macht fällt, langsam, aber sie fällt.
–

*Aber* spitz sticht
das Kampfflugzeug,
das schweizerische,
in den Himmel
– und ins Trommelfell
– und trifft nie einen Feind ausser uns.

*Aber* im Zwerchfell
sei die Seele,
meinten die Griechen.

*Zwar* drehte sich offenbar
die Erde schon immer,
*aber*, seit wir das wissen,
müssten wir
bei jedem Sonnenuntergang
in Betracht ziehen,
dass wir nach hinten
wegkippen.

Von hier nach Stans
von hier nach Altdorf
von hier nach Tunis
von hier nach Kapstadt
von hier nach Südpol
no problem
und dann unten durch
nach Nordpol
und oben durch
nach Südpol
und dann weg
nach Venus

Neptun
Andromeda
Andromeda
Adromed – aber
von
        nach hier
von
        nachher
von
        nach
danach danach
après nous le déluge.

–

Schlitteln!
Schlitteln mit Heu zu Tal!
Schlitteln mit Sarg zu Tal!
Schlitteln mit mir zu Tal!
Wenn's plötzlich taut,
knirschen die Kufen im Kies,
und ich flieg
auf die Nase.

–

Kiesel rollt
Welle zieht ab
Kiesel schlurft zurück
Welle über-tost
Kiesel rollt
Welle zieht ab
Kiesel schlurft zurück
Überspülen
Rollen
Zurückschlurfen

–

Quer zu sich selbst
der Krebs am Strand
Widerstand
und wenn fliehen müssen
Loch buddeln
quer zu sich selbst
auf alle Fälle
quer zu

Automobilität!
Automobilität!
Automobilität!
Noch Fragen?
Auto: Selbst ist das Auto!

–

schnell, sehr schnell, tot.
langsam, überholt, auch tot.

–

versetzen
verschieben
ver
«Schieben wir uns
setzen wir uns ab!»
Moment!
«Wir halten es
keinen Moment aus
ohne Schub.»
Nichts da! Moment!
«Verweile
Augenblick ...»
Moment!!
«... du bist
so schön»
Moment!!! – Verzichten Sie darauf!!!!
Ver
Ver
Verzicht

–

Zum Totlachen, absolut:
ich jetzt da – du jetzt dort
ich jetzt nicht mehr da, noch nicht dort
du jetzt nicht mehr dort, noch nicht da
ich jetzt dort, nicht mehr da, dort
du jetzt da, nicht mehr dort, da
ich jetzt dort, nicht mehr da,
        möchte da sein, wo du dort da bist
du jetzt da, nicht mehr dort
        möchtest dort sein, wo ich da dort bin
            möchtest dort sein und da sein
            möchte da sein und dort sein
                möchten da fort sein

Grosses Bild,
ganz gross:
Mächtig und ewig
drehen alle Milchstrassen
um ein Loch.
Wir sind geborgen im All,
unsterblich.

– Bild weg! –

Kleines Bild,
ganz klein:
Das Platanenblatt fällt
schaukelt
zögert
fällt genau auf den Stuhl
hinter dem Tisch
vor der Bar.

– Bild weg!
–
Ringel Ringel Reihen.
Geht's noch?
Nein, es dreht.

# Ein Song

Für Musa Dursun, den kurdisch(-schweizerischen)
Musiker und Sänger

Auf dem Berge Ararat
hat in einer grossen Arche
Noah Dauerregen satt.
Schickte also eine Taube,
dass sie suche, dass sie finde
Land und was zu beissen,
aus vom Berge Ararat.

Das Wasser sank,
die Taube kam zurück
und hatte einen Zweig im Schnabel.

Heut am Berge Ararat
haben andre andre Sorgen,
sagt ein Volk, es hab es satt,
keine Existenz zu haben,
immer noch kein Land zu haben,
Krieg und Tod anstelle
eines Rechts, das jeder hat.

Ein Dorf verbrennt
und Menschen auf der Flucht,
sie kommen nirgendwo nachhause.

Sucht ihr was am Ararat?
Eine alte Holzschaluppe?
oder andre Sensation?
Bleibt zu Hause, wenn das Fremde
euch berührt und öffnet denen
hier doch eine Türe,
nicht am Berge Ararat.

Ein Kurde kommt
zu uns; es ist ein Mensch.
Wir haben doch ein Land – sie nicht.

Und Menschen kamen,
Tamilen, Kurden, andre.
Sie haben doch kein Land – wir schon.

Für den Komponisten Mani Planzer, sein Blasorchester
und eine Orgel mit Regenmaschine

In einem Zweit- bis Viertklass-Wartsaal,
verraucht, überheizt, überfüllt.
Und dann fängt einer an und dann eine;
klammheimlich zunächst teilt man sich mit,
dann in wachsender Aufregung,
die schon fast an freudige Erwartung gemahnt,
tuschelnd,
flüsternd von Mund zu Mund,
fast schon wie gehauchte Küsse,
bekennt man,
man, niemand, keine, keiner
habe hier ein Ticket in der Tasche,
keiner, keine habe je eines erhalten
für irgendeinen Zug.
Die öffentlichen Schalter seien,
das habe jede und jeder erfahren,
geschlossen gewesen,
Rollläden zu,
und man sei in der grossen Bahnhofhalle
von Fahrplan zu Fahrplan,
von Kiosk zu Kiosk gehastet
oder geschlendert,
und man habe das alles verschwiegen
aus lauter Scham.
«Jetzt aber!», sagte einer.
«Was jetzt?», fragte man rundum.
Grosses Gelächter.

In der Zwischenzeit sangen immer weniger Wale in allen Welt-
meeren immer schönere Lieder. Wer will wissen, es seien die letzten? Und wer behauptet denn, die alten Engel hätten Men-
schengestalt? Den letzten sah eine und einer von uns schon
draussen vor dem Törchen zu jenem Garten, den er bewachte ...

Nachdem das grosse Gelächter verebbt war, sagte einer: «Möglicherweise lässt man uns jetzt allein.»

Zur genau gleichen Zeit verglichen in allen losbrausenden Zü-
gen alle Passagiere aufgeregt vor Erwartung ihre Tickets.
«Wohin die Reise, Madame?»
«Ins Paradies!»
«Sie auch? Das ist herrlich!»

Der hatte gesagt:
«Möglicherweise»,
und eine doppelte nach. Sie sagte:
«Wir haben möglicherweise alle verpasst,
dass der Weltuntergang längst stattgefunden.»
Das deprimierte niemanden.
Während die wenigen in ihren Zügen wegbrausten,
entstanden im Wartsaal,
spät zwar,
aber blödsinnig blühend,
ungedachte Gedanken
und nie gelachte Gelächter.

Nicht mehr hoffen,
aber warten.
Wie die Toten.
Und wer denn wissen wolle,
die hätten für nichts gelebt
und seien für gar nichts gestorben?
Einer habe gesagt,
er käme wieder;
wer denn wissen wolle, man treffe ihn nie an?
Fast unmerklich
geht dann da eine, dort einer
aus dem Wartsaal
zu keinem Schalter,
zu keinem Fahrplan,
zu keinem Kiosk.

Die folgenden beide Texte entstanden in einer Zusammenarbeit mit der Malerin Susanna Nüesch und dem Musiker Valentin Vecellio. Valentin war Klarinettist in Mani Planzers letzter Grossformation «Morschachblasorchester», Susanna hat diese Formation immer als registrierende bildende Künstlerin begleitet.

Susanna und Valentin hatten miteinander eine ganz besondere Form der «Performance» erfunden. Über einen Hellraumprojektor entwickelt Susanna ein Bild in mehreren Phasen; im Lichtkegel improvisiert Valentin Musik zum sich entwickelnden Bild, das ihn gleichsam übermalt. Sie wollten von mir – als drittes Element – Texte, die die Phasen gleichsam vor-formten. Die erste dieser «Performances», WendEnd, entstand im Auftrag der Pro Litteris für eine Generalversammlung in Zürich. Es folgte eine Reihe weiterer Werke nach demselben Verfahren, aufgeführt in verschiedenen Kontexten. Dabei war jede Aufführung immer ein Unikat, auch wenn wir, wie an den Musikfestwochen Winterthur dasselbe «Stück» zweimal hintereinander «performierten», weil sowohl die Bilder Susannas als auch die Musik Valentins je improvisatorisch vorgingen. Konstant blieb dabei der Text aus dem Off, wo ich höchstens mit Tempo und Permutationen auf das Geschehen auf der «Bühne» reagierte, reagieren konnte. Ich bin – altertümlich – überzeugt, dass sich Text nicht gleich improvisieren lässt wie Musik und in der momentanen Situation entstehendes Bild.

Das zweite Stück «Du hast gesagt: Wenn Flügel Seele streift» entstand aus sehr besonderem Anlass. In einem Gedächtnis an den verstorbenen Komponisten Mani Planzer hatten verschiedene Gruppen des Freundschaftskreises um Mani Planzer Werke verschiedenster Art geschaffen. Unser Beitrag war «Du hast gesagt: Wenn Flügel Seele streift». Wir nahmen dabei Bezug auf eine der letzten Kompositionen Manis – vielleicht seine schönste – die den eigenartig berührenden Titel trug «Wenn Flügel Seele streift». Eine Bläserformation der Berliner Philharmoniker spielte zusammen mit Musikern aus des Szene des Jazz und der freien Improvisation, dem Saxophonisten Urs Leimgruber und dem Perkussionisten Fritz Hauser. Manis Stück war streng auskomponiert und hatte Öffnungen für Improvisation (auch der «klassichen» Berliner) – Zwischenräume.

*Phase 1*

EndWend
WendEnd
Flöten
nicht endende
wendende
endwendende
Flöten

Die Welt gehe flöten
das wär ein Konzert
aber Pauken und Trompeten
werden nicht gehört

EndWend
WendEnd
Trompeten pauken
Pauken posaunen
Posaunen schrammeln
und die Schrammler flöten
WendEnd
EndWend
Flöten

Die Welt ging flöten
das war ein Konzert
aber Pauken und Trompeten
wurden nicht gehört

EndWend
Flöten
WendEnd
pauken Trompeten
waren unerhört
ungehört
EndWend
WendEnd

Im Vorsommer nicht und
im Nachherbst nicht
im Vorherbst nicht und

im Nachsommer nicht
schon gar nicht
schon gar nicht
sonst ...

EndWend<br>WendEnd

Vorsommer
Vorherbst
Nachsommer
Nachherbst
vor – nach
vor und nach nicht:
kein Sommer
kein Herbst, aber
ein Winter und
kein Frühling
und doch kein Winter

Aber:
Unsäglich,
wie grün die Bäume sind
im Mai
in Zürich
und nicht zum Beispiel,
sondern überhaupt
Sonst? ...

WendEnd<br>EndWend

## Phase 2

Einer war ausgezogen, das Fürchten zu lernen;
bald hatte er es, das Fürchten, gelernt.

Ein anderer,
ein ganz anderer
zog mit seinem Tod herum.

Er zog und zog
zog ein Leben lang
ein Leben lang zog er
herum mit dem Tod.
führte ihn mit sich
sagte
– ein Leben lang –
es sei seiner
wie eine Fahne trug er ihn vor sich

Er zog mit seinem Tod, der je nie der seine war, herum, weil er
ihm gerade so zu entfliehen gedachte, bis es keinen mehr geben würde, mit dem er als dem seinen herumziehen musste

ein Leben lang
wie mit einem Engel
den es nicht gab
zog er herum mit ihm

Aber da fing
der Engel
an zu tanzen
grölend vor Blödsinn
den Totentanz
den lachhaften
der lächerliche Engel

Nie lernte der, der da herumzog, jedoch das Fürchten ...

denn der Tod, mit dem er beständig herumzog, war je nie sein
Tod gewesen

Einer hatte die Kunst
einen Engel zu erfinden
den es nicht gab
und den er
– Gipfel der Kunst –
für seinen Tod hielt

Er zog, spätestens, seit er dreissig war, beständig mit seinem
Tod, mit seiner Kunst, herum

Einer zog beständig mit seinem Tod herum

Er zog mit seinem Tod, der je nie der seine war, herum, weil er
ihm gerade so zu entfliehen gedachte, bis es keinen mehr gab,
mit dem er als dem seinen herumziehen musste

Aber der Tod, mit dem er beständig herumzog, war je nie sein
Tod gewesen

Er zog, spätestens, seit er dreissig war, beständig mit seinem
Tod, mit seiner Kunst, herum

und dann
ein Leben lang
lächerlich
wie mit einem Engel
den es nicht gab
zog er herum mit ihm

Mit ihm
tanzte der Engel den Tanz
ihren lachhaften Tanz

Einer hatte die Kunst
einen Engel zu erfinden
den es nicht gab
und den er
– Gipfel der Kunst –
für seinen Tod hielt

Lachhaft

## Phase 3

Propheten traten zu Tausenden auf.
Sie redeten alle von sich.

Mit Posthörnern wurden die Propheten herbeigeblasen
Die Post ging ab
Sie kamen in hellen Scharen
Sie prophezeiten in Reih und Glied
WendEnd
EndWend

Zappenduster, zappenduster
aber erleuchtet.

Und während die Bäume in Zürich
und nicht nur zum Beispiel
erstaunlich grün sind im Mai
und in Zürich zum Beispiel auch noch Septembers
und Winters sogar:
O Tannenbaum wie grün sind deine Blätter,
während selbst das berüchtigte Waldsterben für einmal
vertagt zu sein scheint,
und auch die Meere noch nicht, erhitzt, über alle Ufer treten,
und während Vulkane hier schon Jahrtausende nicht mehr
und auch andernorts nicht beständig und
nicht überall zerplatzen,
während zwar allerdings an vielen Orten
und unvorhergesehen in unserer Menschlichkeit
Kehlen durchschnitten werden, gleich dutzendweise,
mit Messern, Schlachtmessern, Buschmessern, Macheten,
und dabei könnten bereits eine Million Schuss pro Minute
durch hoch präzise Rohre in beliebig viele Bäuche gejagt werden,
und während kein Mensch weiss,
warum gerade wieder Messer, Schlachtmesser, Buschmesser, Macheten
und warum gerade dort
und wann allenfalls hier auch, –
und während die Bäume in Zürich zum Beispiel
und nicht nur zum Beispiel
und nicht nur im Mai
erstaunlich grün sind

Sind alle Propheten zappenduster erleuchtet
– wie Krähen auf der Hochspannungsleitung
beim Abendgebet,
bevor sie stumm in ihre Dörfer schweben
in Erwartung
all der Stürme
Winde
Windstillen
Flauten,
der Stillstände
der umfassenden.

WendEnd

WindEnd

Windig

                                      Windolin

                                       Wendolin

                                       Wandolin

                                       Wundolin

                  wunderbar

                  wunderbar

                  wunderbar

                     barwund

                barschwund

            schwundhund

        undund

      Wundund

Wendund

WendEnd

EndWend

*Phase 1*

... hätte ich sage können wollen:
warte, espera!
Das Leben ist nicht zu Ende
überhaupt nicht, Du
was wir noch im Sinne haben
all die Töne
all die Wörter
all die Bilder ...

Denn
was aber bleibt
denn
was aber bleibt
was aber bleibt
was aber bleibt

Ein Ton
hinaus über das Tal
– und Heimat vielleicht
aber welche?

Du kennst sie wohl
kennst das
was aber bleibt
was aber bleibt

in der Zwischenzeit

Was aber bleibt?
Die Trockenheit
die Glut
der Baum bereit zu
grünen schwarzen Früchten
die Risse im Boden
die Kaverne
in die es endlich tropft

in die es fliesst
in die es strömt
und überfliesst –

Ich habe sie nie gesehen

die Oliven

und
hätte es doch sagen können wollen

Lange lange lange Sätze
   lange lange lange Töne
      lange lange lange Zeit
         langes langes langes Reifen
            langes langes langes Warten
               langes langes langes Hoffen
                  langer langer langer Tag
                     lange lange lange Nacht
                        langer langer langer Tod

schon weit im Süden
in einer alten Kirche
hat einer in eine Säule
das Bild der Seelenmühle gemeisselt
der Mystiker

Es warte das Korn auf die Mühle
auf den Stein der dreht
die Traube auf die Kelter
die Olive auf die Presse
denkt er, der Mystiker,
Brot und Wein und Öl
denkt er

und meisselt,
der Mystiker,
die Seelenmühle
ins enge Feld des Kapitells
der hohen Säule

Man muss hoch hinaufschauen
um zu sehen, was er da
verdichtet
auf engem Feld:
die Seelen
die Seelen
die Seelen

die warten

– worauf?
Dass sie würden
– was?
Dass sie Seelen würden ganz und gar
wie Brot und Wein und Öl
– und Seelen

meinte der Mystiker
und meisselte ins enge Feld
hoch oben
– himmlisch gleichsam –
die unerhörte Mühle in den Stein.

Lange Sätze
    lange Töne
        langes Meisseln im Stein

            lange Zeit
                langes Reifen
                    langes Warten
                        langes Hoffen
                            langer Tag
                                lange Nacht
                                    langer Tod.

## Phase 3

So ist es – und, aber ganz anders, wenn Flügel Seele streift …

…
*ist*
lange unbemerkt
der Hauch von ferne

*ist*
Wink
noch nicht gesehen von dem Auge
aber von der Seele schon

*ist*
bevor er streift
eine Angst noch
tief nirgends
ein Schmerz aber schon
in der Seele
in einer
in meiner noch nicht

*ist*
ein Streifen nur
und es lacht
es tönt
wird
noch einmal
Musik

*ist* dann wohl
was weiss ich

*ist* dann wohl
Umfangen
Umfangenwerden

Sind sie denn da
da überall?

Man könnte sagen,
die Vögel könnten einem
eine Ahnung geben,
wenn sie wie Sommerschwalben etwa
durch alle Gassen des Himmels
bis auf einen Teich
bis auf ein Pflaster zwischen Häusern
mit Leichtigkeit stürzen
und hinauf wieder
unbekümmert
pfeifend
zwitschernd
bis kurz nachdem mindestens
eine Sonne wieder mal
unterging

«Die Vögel des Himmels»
nannte sie einer,
der Dichter,
meinte,
sie müsse man beachten

Man könnte an vieles denken
man sollte vielleicht,
wenn, weil
Flügel Seelen streifen ...

*Für mich gibt keine nicht-«engagierte» Literatur, und es scheint mir wenig sinnvoll eine «littérature engagée» eigens abzuheben.*

*Es gibt allerdings Momente, wo ich als Autor weder schweigen will noch kann, wo ich einer politischen Aufforderung, sprachlich in eine Situation einzugreifen, entspreche.*

*Es folgen zwei Beispiele. Das Gedicht «Zwischen Euphrat und Tigris» hatte ich ohne Aufforderung «für mich» geschrieben, hatte aber nichts dagegen, dass Radio DRS es als Kurzhörspiel brauchte. So gehört es nicht zu den «Ein- und Zugriffen», sondern zu den «Orten und Daten».*

Amseln sind auch im Winter da,
man übersieht sie –
Schatten durch einen Winter.
–

Als der Krieg in Slowenien war,
wusste man,
in Kroatien wird er
grausamer,
mörderischer,
tödlicher,
vernichtender sein;
wusste man
– ich auch.

Als der Krieg in Kroatien war,
wusste man,
in Bosnien wird er
noch grausamer,
noch mörderischer,
noch tödlicher,
noch vernichtender sein;
wusste man
– ich auch.

Jetzt, wo Krieg in Bosnien ist,
weiss man,
in Kosova wäre er
noch einmal grausamer,
noch einmal mörderischer,
noch einmal tödlicher,
noch einmal vernichtender;
weiss man
– ich auch.
–

Das heisst, wir – ich auch – wussten, wissen immer schon,
warum die Menschen flohen,
warum sie fliehen werden.

Amselfeld –
–

Was ist man?
Was ist wir?


Man weiss: Es ist grau in Kosova, dunkelgrau;
das heisst, man könnte wissen,
es nachtet in Kosova für die,
die nicht bleiben dürfen – beim Amselfeld,
denen die Niederlage in grauer Geschichte
heimgezahlt werden soll, jetzt
- bis zur baldigen Vernichtung,
- bis zur völligen Vernichtung der Erinnerung,
- auch der unsern,
der Vernichtung der Erinnerung,
dass wir Menschen sind,
wären, gewesen wären.


Amseln huschen durch einen Winter,
wenn alles stirbt,
durch geplünderte Weinstöcke.


Man weiss, dass die dort überhaupt selber schuld sind,
wenn sie sich die Köpfe einschlagen müssen.
Man weiss, was die bei uns suchen,
was die bei uns treiben.


Man weiss überhaupt,
was bei uns gefährdet ist,
wenn diese fremden Vögel
sich einnisten bei uns,
was sie suchen,
was sie treiben,
dass unsere Sicherheit
durch solche Vögel,
durch solches Gelichter
gefährdet ist.


Man weiss,
dass es Wege gibt
– sehr wohl! –,

sie
– alle zusammen –
loszuwerden.

Man wird das immer besser wissen –
mit jedem neuen Gelichter,
das uns da kommt.

–

Uns da kommt?
Und wir? Wer sind wir?

Wir wissen nichts,
wir können nichts,
vermögen nichts,
sind ohnmächtig,
sind nichts
– als sicher im Rechtsstaat.

–

Einer aus Kosova strich
– vor Jahren schon –
die Wände neu in meinem Haus.
Er war besonders behutsam mit allem,
was mir da gehörte,
mit den vielen Büchern vor allem
in den vielen Gestellen.
Und dann sah er in einem der Gestelle
«Der grosse Winter» von Ismail Kadaré
und sagte, dieses Buch dürfe er in Kosova nicht lesen,
aber es sei das grösste Buch
eines der grössten Dichter seiner Sprache,
und, seine Sprache dürfe er bald nicht mehr sprechen,
und, er habe heimlich den «grossen Winter» gelesen.

Er kam mir da, vor Jahren schon, von Kosova.
Ich möchte wissen, ob er jetzt da ist,
und wenn er dort ist, wie es ihm geht.

–

Wir müssen,
wenn wir nicht alle Erinnerung streichen,
wissen wollen,
dass Menschen nicht einfach

von Vernichtung bedroht sind;
und wenn wir es wissen müssen,
dass sie es wären,
sind wir nicht ohnmächtig genug,
das auch denen gegenüber zuzulassen,
die zu uns geflohen sind.
Wir sind doch
Menschen nur
in unserem Rechtsstaat,
wenn wir wissen können,
dass dieser das Unrecht
einer möglichen Vernichtung von Menschen
indirekt nicht zulässt.

Gelesen im Berner Münster | *12. Januar 1994*

I.

Man möchte wenigstens
eine Wut haben können,
auf einen, der die Schuld hat.

Einen Satan!
Dann tapfer vor dem Bildschirm
und warten, bis er weggebombt;
dann mit den stählernen Heldenengeln
zusammen
in die Feuerstürme,
auf Sodom und Gomorrha stürzen,
zu den Heerscharen gehören,
zum rächenden Himmel,
der die Weltordnung durchsetzt ...

Mindestens Angst haben aber noch,
von Furcht und Zittern erregt.

Oder wenigstens
zu Tausenden auf der Strasse schreien:
Aufhören! Frieden!

Wenn wenigstens die
Wut sein könnte
auf solche, die die Schuld haben.

II.

Was nützt es, wenn ich mir vorstelle?
Was nützt es, wenn ich hinschaue?

Diesmal ist's etwas näher:
«Krieg in Europa».
Würde man nicht besser sagen:
halt der Balkan!
Sagte nicht ein schweizerischer Bundesrat
vor kurzem etwas Ähnliches?

III.

Eine Dichterin von dort unten
erzählte kürzlich,
wie der Wärter des Zoos von Sarajevo
dem letzten Bären des Zoos
ein Stück Brot und einen Apfel brachte;
der Bär war schon zu schwach, um zu fressen
und starb.
Man kann auch hier wissen,
was ein Stück Brot und ein Apfel
in Sarajevo bedeutet.

Ich sah in der Zeitung ein Bild;
es zeigte einen Mann, der auf dem Friedhof
mitten zwischen frischen Kreuzen
Holz suchte,
um noch einen Tag die Kälte zu überleben.
Unausweichlich: selbst die Kreuze werden brennen.
Unausweichlich *mir* der Gedanke,
der ich das Kreuz meiner toten Frau
nicht dem Friedhofgärtner überliess.

Unausweichlich,
dass der Bär von Sarajevo schon zu schwach war.

IV.

Sollte man niemals mehr
eine Wut haben mögen?

Verstummen wir –
warten und warten,
bis es wieder einmal vorbei ist,
und warten und warten und warten,
bis wir zur Kenntnis nehmen,
wo es das nächste Mal anfängt,
und warten und warten und warten und warten?

Geschrieben für die HELP-Lesung
in Mogelsberg | 8. Januar 1993
(in einer ersten Fassung erschienen im Zürcher Tages-Anzeiger)

Sommerbaum und
Totentanz

*ein Text von Manfred Züfle*
*für          Susanna Nüesch,*
*              Ursula Maehr,*
*              Valentin Vecellio*
*              und das Projekt transphère*

*Susanna Nüesch ist Malerin, Ursula Maehr und Valentin Vecellio sind MusikerInnen. Es ist denkbar, dass der Text eingeht ins Projekt einer «Performance».*

Ein dunkler Vogel
stürzt aus Helle
ins dichte Grün
des Sommerbaums,
und nichts geschieht
und nichts geschah,
kein Blatt bewegt sich anders
als alle im Wind.
Im verzweigten Raum
sitzt er ungesehen,
bis er wieder
aus den Innenschatten
ins Licht hinauf verschwindet
– oder ist's ein Anderer?
war's ein Anderer?

Nichts geschieht,
nichts geschah.
Es ist nur Sommer
und Baum und Vogel
und Schatten und Licht.

Früher und frumm
tanzten die Toten
den Lebenden
auf der Nase herum

Quatsch, jetzt ist Zeit …

von Bäumen zu reden.

Mitnichten, jetzt ist Zeit zu sagen …

dass die Vögel in die Bäume fallen.

Mitnichten, zu sagen, dass …

im Herbst die Zwetschgen fallen
die Birnen
die Äpfel
die Pflaumen
und …

zu sagen, dass …

die Aprikosen
und Engel
manchmal aus den Himmeln –
gefallene Engel –
und früher und frumm
tanzten die Toten
den Lebenden
auf der Nase herum.

Zu sagen ist,
dass sie nicht töten
sondern töten lassen

Wer ist «sie» bitte, wer wer –
Aber:
Früher und frumm
tanzten die Toten
den Lebenden
auf der Nase herum

Zu sagen, dass sie töten lassen

Hoppla! Hoppla!
auf der Nase herum
früher und frumm
die Toten, die Toten
Totentanz

–
Wo tanzen sie heute
die Toten?
Einer, ein Spinner,
sagte einmal,
eine, eine ganz Liebe,
fahre mit der «Bicicletta»
in den Himmeln herum

Töten, töten lassen
wie Fliegen, Mücken, Motten ...

die Geistchen,
die flatternden, alle
die Geistchen
die Sommertierchen
die kurz- und kürzestlebenden ...
... wie Käfer, Ameisen, Gelichter.

die Geistchen,
die krabbelnden, alle
die Geistchen
die Sommertierchen
die kurz-
die kürzestlebenden
die uns alle
überleben könnten ...

Zwischenspiel
Über eine bestimmte Gefährlichkeit
und die nicht ungefährliche *political correctness* ihr gegenüber

Was du auch sagst,
und wie vor allem du es tust,
wird man dir sagen,
sei immer auch falsch,
und falls du sagen solltest,
vieles erinnere dich denn doch
und heute gerade wieder
fatal an,
wird man dir sagen,
du wollest doch nicht etwa sagen,
das erinnere dich an,
und wenn du dann sagtest,
doch, an,
wird man dich warnen,
jetzt keinen Namen fallen zu lassen,
und sollest doch gefälligst zuerst einmal sagen,
was dich denn an was erinnert,
und du verzweifelt sagtest,
es werde wieder mal gestorben,
weil,
wird man dich sofort unterbrechen,
was heisst «weil»,
weshalb, sag' schon, wird gestorben? –
weil wieder mal einer in ganz grossem Stil –
was bitte, wird man fragen,
und du sagtest,
bereit ist, töten zu lassen
wie die Fliegen, wie Geschmeiss,
alles, wenn nötig, das man nicht braucht.

Gut, wird man sagen,
Metaphern halt,
ungefährlich, wird man nicht sagen
aber denken, und sagen:
Neros, Nebukadnezars, Dschingiskans, Timurs
hat es immer gegeben, und:
man könne sich ja einfallen lassen,

an diese weltgeschichtlichen Kerle zu denken,
im Vergleich allerdings nur mit den richtigen,
Stalin etwa oder Mao,
Hitler eigne sich,
als Metapher verstehe sich, wie sie die Dichter halt brauchten,
eigne sich eigentlich zu keinem Vergleich,
Hände weg!

Und der Dichter, sprachlos geworden ob solcher Ermahnung,
stammelt:
Arschloch,
Arschlöcher.
Man wird ihn reden lassen
und er wird *sagen* wollen,
*dass* sie nicht töten, sondern töten lassen,
Die Dichter müssten *sagen, dass,*
sagen, dass sie –
man setze Namen ein,
Arschloch stimmt immer –
dass *diese* Arschlöcher einzig,
immer von neuem und in schöner Wiederkehr des Gleichen,
gefährlich sind.

Schön wird man sagen,
die Dichter meinen, sie müssten halt sagen, dass,
was aber gar nichts verhindere.

Sprachlos, aber sagen dass
sagen dass
sagen dass

Jakob, s'wird ernst! – aber wo denn genau?
Eine alte Geschichte

Bruder Jakob
schläfst du noch?
Frère Jacques
dormez-vous?

Immer noch?
Wie lange noch?
Die Zeit, Bruder Jakob,
le temps, frère Jacques,
s'wird Zeit, Bruder Jakob,
il fait nuit, frère Jacques –
und Irrsal und Wirrsal seit eh,
il fait nuit, frère Jacques
depuis toujours.

In biblischer Prosa sozusagen ist einiges überliefert, und wärst
du von einem Dichter besungen worden, erschienest du strah-
lend als der «Listenreiche». Aber die Priester, die deine Bio-
graphie zusammenzimmerten und dir wohl noch einiges in die
Schuhe schoben von dem, was *die* zu wissen glaubten von den
Menschen und wie sie's trieben, hatten Anderes im Sinn, was,
weiss Gott. Denn eigentlich warst du immer wieder ein kleiner
Schuft; den Bruder – auch kein Held, wenn auch ein Kerl und
behaart – hast du gleich mehrmals betrogen, übertölpelt. Bist ab-
gehauen, immer wieder, wenn's brenzlig wurde. Einer deiner
Frauen liessest du die vielen alten Götter, dem Schwiegervater
gestohlen, obwohl der einzige Jahwe sich schon dem Grossvater
offenbarte. Und mit mindestens vier Frauen, vielleicht waren's
noch mehr, alter Patriarch, hast du die Zukunft gezeugt, Israel.
Wie unsereiner warst du, Bruder Jakob, scheints –

*Aber:* es träumte dir,
als du, nicht ganz sicher deiner selbst,
irgendwo draussen schliefst,
und der Stein, den du hinter deinen Kopf stelltest,
nützte dir gar nichts.
Die Treppe stieg
babylonisch, schien dir,

in Himmel,
dort, wo du nichts mehr sahst.
Und auf der Treppe wimmelte es
hinauf und hinunter von
Geistchen
Geistchen
Geistchen
beflügelten,
mächtigen,
babylonischen schien dir,
unverständlich,
erwachtest mit Angstschrei
und sagtest: schauerlich, entsetzlich –
und dann erst, hier muss Gott sein,
sein Haus,
Tor zu den Himmeln.


Bruder Jakob
frère Jacques,
was dachtest du da
auprès de tes rêves?


Und dann der *Skandal:*
Da kam dir –
du hattest Kind und Kegel
und die Frauen
schon über den Fluss gebracht,
bliebst noch zurück
mit Schiss vor der Begegnung mit dem Bruder –
da kam dir *der,*
wie auf einer Insel
abgeschnitten von allem
was du erreicht
und in Sicherheit gebracht,
wie du glaubtest –
kam dir *der*
unangenehm, obszön nahezu
und wollte mit dir ringen –
kein Traum wie sich zeigte,
Albtraum vielleicht.
Und hier nun:

Details zu Hauf, ein Detailgestöber,
unverständlicher Graupelsturm,
winterlich plötzlich.
*Der* konnte,
nachtlang,
dich nicht besiegen
und du ihn auch nicht.
Da schlug *der* dir auf die Hüfte;
die Knochenkugel renkte aus,
die Sehne zerdehnt
tödlich der Schmerz,
und *der* wollte wissen, wer du,
ob du der wahre Jakob bist;
und, verklammert in *den*
und in die Schmerzen,
wolltest seinen Namen,
sagte der nicht,
verlangtest, dass er dich segne,
tat *der,* wer immer er war

Was war da?
War da was?

Du sagst:
- Ich bin mit dem Leben davon gekommen.
- Frère Jacques, dormez-vous?
- Ich habe Gott gesehen, sein schwitzendes Antlitz.
- Spinnst du, Bruder?!
- Die Sonne ging mir auf, als ich durch Penuël zu den Meinen
  ging.
- Du hinkst, Bruder Jakob.
- Hinke ich?
- Du bist gezeichnet – nach dem.
- Ich hinke an der Hüfte, aber ich sage.
- Was sagst du?
- Ich sage, dass.
- Ist das alles, frère Jacques?
- Ich hinke, aber ich sage, ich sage, *dass.*

Frère Jacques
dormez-vous
dormez-vous?
Sonnez les matines
sonnez les matines,
frère, pour nous

Wenn der Baum
entlaubt
ein Gespenst ist
seiner selbst
und ein letzter Vogel
in ihm hockt
in keinem Schatten
in keinem Licht,
dann ist Winter geworden,
schneelos,
aber für längste Zeit

# Drei Elegien für Stefan Howald

In der Abendkammer
in den sich schliessenden Gassen der Bäume,
wenn das Grün wieder kam, Jahr für Jahr,
aufleuchtend verschwand und sicher in der
Nacht, die aufstieg gegen einen Himmel.
In der Abendkammer
ist der Gott klein geworden, klein,
seit er uns schwindet, verstummend ein Wort
allen und keiner und keinem mehr,
dass er – mein Gott! – sich nicht anheischig macht,
mehr an der Tragik der Welt ändern zu können,
als wir selbst es können.
In der Abendkammer
in den sich schliessenden Gassen der Bäume,
wenn das Grün wieder kommt, Jahr für Jahr,
aufleuchtend verschwindet und sicher in der
Nacht, die aufsteigt gegen einen Himmel.

Es scheint, man möchte sagen können:
«passé!», die Geschichte ist vorbei, freue sich,
wer kann, nichts geschieht mehr jemals, niemals,
nicht: «après nous le déluge»,
auch das ist hinter; hinter wem?
Eine Welle hat noch eine schwarze Alge
auf den roten Sand mit einer Spur versickerndem
Salzschaum gespült, die nächste
erreicht das Gewächs nicht mehr,
und eine Stunde später liegt es überall verstreut
bis weit hinaus, und Felsbrocken sind erschienen
bis weit hinaus; der Sand verkrustet sich, trocknet
bis weit hinaus. Ebbe: ein Wort das geht, ein letztes
bis weit hinaus – und nichts,
noch nichts enthält von dem, was aber kommt.

Geduld ist schon ein viel zu grosses Wort;
Die Wörter sind zu gross geworden,
als alles, die Geschäfte und all das andere,
kleinlich wurde, kleinlich, wie es immer war, aber,
was nicht mehr denkbar, noch kleinlicher,
sich grenzenlos verkrümelnd.

Ich rede, weil ich nichts zu sagen haben möchte,
wenn in den Reisfeldern das Wasser erstarrt,
von Norden der Wind über das Eis
den Erdstaub, die dürren Blätter, die trockenen Kugeln fegt,
und der Himmel blau aufsplittert.

Wenn's, wie's scheint, immer wärmer wird,
dreht dann wohl der Golfstrom mal ab,
verkühlt sich lang vor dem Nordkap
– die Sicht auf die Kugel des Eismeers
von sich türmendem Packeis verstellt –,
wachsen die Gletscher vielleicht zu uns hinunter
zerquetschen die erst grad erblühten Palmen
am Strand von Zürich.

Weil ich dann nichts mehr zu sagen haben möchte,
red ich von Amseln, Tauben, Kranichen, Albatrossen,
        Papageien,
über grauem Schnee, salzgrauem Meer, grau werdendem
        Urwald,
und von den Libellen, Schmetterlingen, Käfern, Mücken,
und den Viren und von den Flechten, Moosen, Gräsern,
die gerade anderswo sich aufmachten zur Evolution;
red ich, weil alles keine Wörter mehr braucht, seit
alles geredet, alles gerade (und beschleunigt) läuft, wie es
        kann.

«blödsinnig» ist ein Wort, das zu gross geworden!
zu gross, als dass man darob melancholisch werden möchte,
– nicht zu reden von der Trauer.
«blödsinnig» hat kosmisch scheints
die Dimension von Weltallen erreicht.

Ein Regen, winterlich vom Meer her, tropft
langsam, beharrlich über verwinkelte Ziegeldächer hinunter;
nur ein paar Hunde eilen den Wänden entlang und
        nirgendwohin;
man glaubt plötzlich, es könnte alles sein,
peitschende Schüsse oder Ewigkeiten oder beides oder gar
        nichts;

und reisst es nach Stunden auf oder Tagen,
ist – hin und her –, wo nichts war, sofort wieder
der Lärm aller Vögel; – Vögel des Himmels
nannte sie fromm der Mensch Gewordene
und die Lilien des Feldes und Salomon
in aller seiner Pracht führte er an:
kühn war der, tollkühn mit seinen Vergleichen,
der Dichter ...

Und die Wut? Das Wort ist viel zu klein!

Sonatenformen und Völkerschlachten
– man erzähle mir nichts von guten alten Zeiten! –
und Winterfeldzüge und – heroisch zerfetzt – das
Rückzugsgefecht an einem zugefrorenen Flüsschen,
Sterben und ein unsterbliches Lied darauf –
man erzähle mir nichts, bitte, nicht.
Man sagte: Licht, Lichter, lumières, und: das Paradies
sei ein Ort nur gewesen für Tiere, nicht für unsereiner.
Zwar stellte man die Frage nicht, ob wir uns je geliebt,
nicht die Geliebte den Geliebten, nackt, schön versteckt,
im Unterholz, im Maquis im sonst aufgeräumten Garten;
Kain und Abel, die ersten Söhne, wurden schon draussen gross,
und immer, auch schon im Garten, habe einer
von oben zugeschaut und dann geredet,
dafür gesorgt, dass eine oder einer schuldig war
– und blieb; so die Priester, die unbegabten für Erzählung.
Das alles ist erhellt, längst schon in
Sonatenformen, Völkerschlachten – heroisch und zerfetzt –,
Winterfeldzügen, Rückzugsgefechten – und: Sterben, sterben.

Und jetzt? Nichts gegen die Sonatenformen; niemand
wird mich je hindern, Sonaten zu lieben!
Nichts gegen Gärten, nichts
gegen Winterschnitt, Sommerjäten und Kompost,
nichts gegen den Spalier, nichts gegen Rebenlauben,
schon gar nichts gegen Rosenbeete, Malven,
nichts gegen Sträucher, Bäume, auch nichts gegen Apfelbäume,
nichts, gar nichts dagegen, Sonaten zu lauschen!

Idyllen verkommen, vergammeln, verenden.
Paradiese schliessen; mensch wird ausgesperrt.
Und Himmel sind blau zu fordern mit jedem Wort.

Kaum fassbar die Zäsur im Fliessen, die Umkehr,
der Nichtspunkt im Gezeitenwechsel, Tönewechsel,
die Ritze Wahnsinn in der Vorgeschichte meiner Seele
– und welcher nicht? – Synkope, Quentchen Tod im
Herzschlag
          Abendkammer, schon ein wenig warm
um noch keine Knospe, Entstarrung noch mitten

im Winter; wie unter Mitternachtssonne zwischen
rotem Gewölk unsäglich ein Blau,
zu erinnern, voraus, nachtlang.

Himmel sind blau zu fordern mit jedem Wort hienieden.

La Cadière d'Azur | *im Dezember 1995*

stan

# nunc stans – nunc saltans

## ein lyrisches Journal

Regen
Regen,
früh, sehr früh
schon kalt geworden,
noch vor dem Herbst
mit seinen zweifelhaften Ernten.

Zürich | *16. Sepember 2001*

Meine Seele gehört mir

Ich höre mein Herz im Kopf

Ich habe nicht
innen den Körper
durchforscht

Ich entdecke
unten am Brustbein,
erschrecke,
hätte wissen können,
dass es ein Knorpel ist,
dass dort scheints das Zwerchfell hängt.

Ich hatte nur gewusst,
dass die Griechen wussten,
dass die Seele im Zwerchfell
sich befinde.

Klinik Im Park | *19. und 26. Oktober 2001*

Plötzlich überschwemmt von Welt
wie noch nie:
nunc stans – nunc saltans?
jetzt steht
jetzt tanzt,
was tanzt
was steht?
die Zeit oder ich
die Welt oder ich
oder ich und die Zeit und die Welt?

Ich weiss nicht
und ich nehme wahr wie noch nie.

In dem Wirbel
– weit hinten
oder vielleicht auch nicht
vielleicht sogar überhaupt nicht
überhaupt noch nicht –
beten können.
Das müsste dann
mehr als mich
mehr als mich gerade jetzt
mehr als mich überhaupt betreffen –
Ich weiss nicht.

Klinik Im Park | *6. November 2001*

Ganz in die Nähe
wahrscheinlich noch lange nicht
obwohl ich
– wahrscheinlich –
schon lange
immer schon
– vielleicht –
drin bin

Ich sehe nur
dass es früh Nacht wird,
registriere,
was klar ist
– natürlich –
um diese Zeit im November ...

Klinik im Park | 10. November 2001

Ihr Lieben,
fast ohne Scheu
war ich sicher, dass Ihr seid –
bis jetzt –
und immer noch

noch ist der alte liebe Baum
noch immer Äpfel
und noch, noch lang,
die vier Platanen.
Die vielen
gerade erwachsen gewordenen Enten
und die Fische noch weniger
kümmert es,
ob das Wasser in dem Teich
für einmal nicht abgelassen wird
für einen klirrenden Winter.

Aber mit Scheu
im Noch-Nicht hängend
hangelnd –
sogar – aber sicher – aber noch nicht ...

Klinik Im Park | *11. November 2001*

Es gibt die Düsternis
des Eigenen.
Meine Seele gehört mir,
mit ihr ausgerechnet
scheine ich nun
fertig werden zu können.
– Aber Welt ist
und Weltgeschichte
voller Entsetzen,
aber, so scheint es,
der einzige Trost –
sonst wäre nur
Düsternis
des Eigenen

Klinik Im Park | *18. November 2001 1 Uhr*

Ein Sprung voraus
über die Zeit
und all die Länder
die Wälder noch
die Wüsten
und die von ferne blauen Meere

Klinik Im Park | *18. November 2001 1 Uhr*

An einer Grenze
zwischen Nochnicht
und Immernoch
und Immernoch nie mehr
ist was war,
selbstverständlich.

Ich schliesse mich
vorläufig in ein «bürgerlin»
das schon woanders stünde
als ich meine –
vielleicht auch nicht.

Klinik Im Park | *19. November 2001*

zwischen
Zwischenraum

Zwischenstand
zwischendrin
zwischen Stuhl und Bank
zwischen was und was
zwischen wie und wie
zwischen gesagt und/oder verschwiegen
zwischen Leben und Tod,
was
inzwischen
lieber noch ungesagt bleibt
was
inzwischen
doch lieber hätte
ungesagt bleiben sollen
– zwischen allem was
in der Zwischenzeit
durchaus noch zu sagen wäre.

Klinik Im Park | *25. November 2001*

Und dann ist plötzlich
– und man hat es nicht bemerkt –
nur noch Nacht
im Winter;
und ob dann Schlaf ist
weiss ich,
neu erschrocken jedesmal,
nicht,
jedesmal nicht;
und was dann Schlaf ist,
meinte ich
– früher, vor Jahren kommt mir vor –
zu wissen.

Klinik Im Park | *30. November 2001*

Noch nicht zwar, klein Orpheus!

Vermoosung der Zeit,
aber was würde im Stillen denn stumm?
Steinig bleibt unter Moos
immer ein Liebes.
Denn nie wird
die Figur
einfach schwinden,
wenn ich mich zu ihr umwende;
ich sänge auch (vielleicht)
wenn ich mit ihr umkehrte.
Und (vielleicht)
kehrtest Du, Liebe,
ja auch nie um,
bist, wenn es plötzlich mir lächelt,
dort.

Klinik Im Park | *7. Dezember 2001*

Am Rand des Blickfelds
erscheint manchmal
am Rand des Blickfelds
erschien
dir damals
der Vulkan der ausbrach
weit weg, weit gehend unbeachtet
und eine Ermordung von Flüchtlingen
tausenden, nicht jüdischen,
– sie sollte übersehen werden –
diesmal war der Tod
kein Meister aus Deutschland.

und immer erscheint
am Rand des Blickfelds
das immer absolut Inakzeptable,
der Tod

Klinik Im Park | 16. Dezember 2001

Wildesel ich

Klinik Im Park | 23. *Januar 2002*

Kindlich aber
und nur dass im Gras
die Veilchen …

*9. Februar 2002*

Erinnerst du dich der Nische
des Schlitzes in der Wand –
vielleicht Fenster oder Einschuss, blödsinniger,
– wo es war wie eine Lampe
oder bloss ein Blitz, blödsinnig zufälliger.

Aber die Schlitze sind in den Wänden,
die zerfallen vielleicht
und Nischen erkennen lassen.
worin leuchtet
was auch immer

Erinnert nicht manches

an gerade sich öffnende Nischen –
bevor die Wände einstürzen?

Klinik Im Park | 2. März 2002

Dass es so etwas Schönes gibt
wie eine Katze
hienieden!
auf dieser Kugel im –
– im, *wo?*

O Gott oder Göttin
O Tod oder Tödin.
Und die Insel der Seligen
wäre die *da?*

Zürich | *25. März 2002*

Ich laufe in einem Frühling herum
ich führe ein Glück spazieren.

Wo denn
in all den Allen
gäbe es denn noch Frühlinge?!

Zürich | *5. April 2002*

Wolken, ihr,
in meiner Seele
seid ihr anderes als Wasserdampf.

Wolken, ihr,
in meiner Seele
wisst ihr auch,
dass ihr anderes seid
als Wasserdampf.

Dass der Himmel blau ist
hinter euch,
wäre noch einmal
eine Geschichte
in meiner Seele.

Triemlispital | *20. Mai 2002*

Krank sein:
ich spreche viel von mir,
ich rede,
ich rede Befunde über mich,
den Körper, der ich bin,
und weiss von einer Seele,
die mein ist
wie nichts sonst
und von der die Rede
kaum doch
kaum noch sein kann.
Nicht, nicht der Rede wert,
aber immer wieder
immer wieder von neuem
noch nicht Wort.

Auch von Gott
ist kaum die Rede.

Aber zuinnerst vielleicht
ist Denken ganz einfach,
*simpel,*
Wunsch halt,
*schöne* Wünsche
für ein Ende der Schrecken,
aller.

Triemlispital | *20. Mai 2002 Pfingstmontag*

Gegen wen oder was
war der Garten Eden
umzäunt?
Gegen die Welt;
auch sie war schon da,
als der Garten in ihr geschaffen wurde.
Erst als mensch vertrieben wurde,
stellten sie,
seine Frau und er,
die Zäune fest,
von draussen
– und gingen weiter,
immer weiter hinaus.

Zürich | 5. Mai 2002

Licht splitternde Platanenschatten
überraschen immer von neuem
hier und im Süden,
kühl, ohne das Gleissen vergessen zu machen,
zwischenräumig.

Zwischenraum des Lebens,
wo einzig es *schön* ist.

Bis spät
lässt die gewaltige
Masse der Blätter ins Luftige hinauf
selbst die Nacht und *ihr* Gleissen noch draussen.

Nicht drinnen, nicht draussen,
*ein* schönes Nochnicht.

Die Wörter,
die eben verstummten,
zittern noch,
zittern wieder.

Licht splitternde Platanenschatten.

Zürich | *22. August 2002*

Topfpalme,
Pälmchen auf der Dachzinne
im nicht gerade Abendglühen
aber immerhin angestrahlt
winterlich von einer eben
untergegangenen Sonne;
man wird sie reinholen müssen
sonst erfriert sie vergessen;
die Geschäftsfassaden
noch aus dem vorletzten Jahrhundert
haben sie auch aufgefrischt; die strahlen,
noch nach Sonnenuntergang.

*Zürich* | *12. November 2002*

Abschied vom Abschied; gibt es das?
Und du sagtest,
bevor du endgültig gingst:
Wir leben jetzt


Zürich | *12. November 2002*

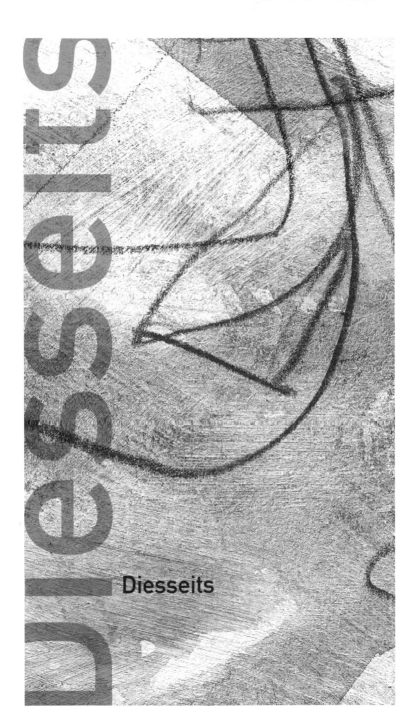

Diesseits

Die alternative «Zuger Presse» leistete sich für lange Zeit ein Angebot für Autorinnen und Autoren, das man wohl für die hiesige Presselandschaft als einmalig bezeichnen kann. Sie veröffentlichte literarische Texte, die sie angefordert hatte. Die Autorinnen und Autoren waren sehr frei, was sie «bieten» wollten.

Ich hatte eine Fortsetzungsgeschichte in acht Folgen vorgeschlagen mit dem Titel «Jenseits». Dreimal pro Woche hatte ich eine Fortsetzung abzuliefern – und ich hatte, als ich die erste einreichte, erst die erste.

Die junge Redaktorin Franziska Meier hatte mir dann vorgeschlagen, für ihr Blatt auch noch eine Reihe von Gedichten zu schreiben. So entstanden fünf Zwischenräume für «Diesseits».

Unter Hochnebel
seit Tagen
ist diesseits;
unvorstellbar
dass die Bise nachlässt
die Kälte aufhört;

über dem Grau
ist nichts
– oder:
die Vorstellung
wie blau blau blau
es dort wäre.

9. *Dezember 2004*

Es gibt solche, die wissen, «wo Gott hockt».
Es gibt solche, die es wissen möchten,
solche, die es nicht wissen möchten,
solche, die es nicht wissen,
solche, die wissen, dass gar kein Gott hockt,
keiner und nirgends,
nirgends einer,
überall keiner;
wie könnte er, wenn er wäre,
irgendwo hocken, wo wir sind,
denken sie
– und jede Frau und jeder Mann
kann verstehen,
warum sie das denken
– wir kennen uns ja! –,
dass da nirgends was überhaupt hockt
ausser unsereiner

*12. Dezember 2004*

Der Stein war schwarz und schlicht und fein poliert,
ihr Name, und dass sie lang gelebt,
der Spruch
vom Tod als Tor zum Leben.

Die Steine kauerten um eine Kirche,
als die noch,
wie man sagt,
im Dorf war;
ein Kirchturm überragte eine Welt.

Die Tode – und wohl die Toten –
waren weg, gleich jenseits;
nur die schwarzen, schlichten, fein polierten Steine
kauern, bis sie von selbst umfallen,
in der Welt unter dem Turm.
–

Heute seien die Tode diesseits,
alle,
gezählt und ungezählt.

Auch die Toten?

*1. Januar 2005*

Ich fluche nie mehr,
wenn es wieder heiss sein wird,
Schweiss treibend
– und ich im Schatten eines Baumes sitze.

Ich vergesse einfach,
dass es Winter gibt,
immer irgendwo,
als ob es nicht auch
immer irgendwo
einen Sommer gäbe.

Bäume lachen, denke ich.
Was weiss man schon im Schatten
ihrer hundert, zweihundert,
ihrer hunderten von Jahren.

Wer weiss,
Vielleicht standen sie dort,
wo man unsereiner nicht mehr wollte,
wie uns dann erzählt wurde.

Wer erzählte da?
Wer erfand den verlorenen Garten,
und verschwieg,
wie man ihn betreten
oder pflanzen
oder schützen
könnte?

*2. Januar 2005*

*Himmelschreiend.*

Gott schrie zum Himmel:
«Mein Gott, mein Gott,
warum hast du mich verlassen?»

Seitdem ist er,
wie immer auch benannt
genannt,
angerufen,
verschwiegen,
abgelehnt
gefoltert,
an Kreuze geschlagen
hingerichtet,
*unsereiner.*

An jeder Ecke steht er oder sie,
vor jeder Tür,
an jedem Tische sitzt sie oder er
und isst und trinkt und hofft, dass es genügend gibt,
in jedem Sommer, in jedem Winter,
ob wir uns lieben oder hassen,
in jedem Bett,
in allen Schatten aller Bäume,
im gnadenlosen Wüstenlicht,
er oder sie
vor Sonnenauf- und Untergängen,
bei jeder Lust, bei jeder Trauer, bei jedem Leben, bei jedem
Tod
schreit er oder sie, sie oder er mit uns,
*ist unsereiner.*

*3. Januar 2005*

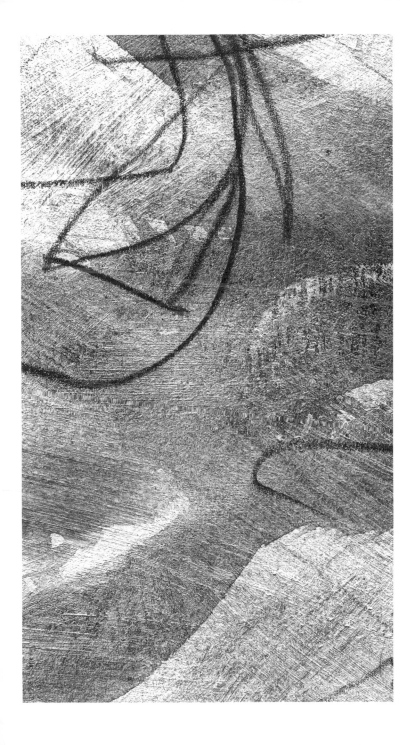